T0128059

That Knocking
AT
Your Door
ARE *POEMS* THAT WILL
Enlighten Everyone

JACK GRINER

 www.trafford.com
North America & international
toll-free: 1 888 232 4444 (USA & Canada)
fax: 812 355 4082

THAT KNOCK
AT YOUR DOOR
ARE POEMS

THEY WILL GIVE ENLIGHTMENT
FOR YOUR PLEASURE

Ese golpe
A su puerta
SON POEMAS

DARÁN ILUMINACIÓN
PARA TU PLACER

You Try

Sifting through some sediment
We all try to remember
But as we grow older bet you
Have problems as well
Things seem to flitter away
Oh after to long a time it may
Come back to you but you
Dassent let anyone know
Let's face it It's no buddies
business
Life goes on in a hazy way

Intentas

Tamizar a través de algunos sedimentos
Todos tratamos de recordar
Pero a medida que envejecemos, te apuesto
Tener problemas también
Las cosas parecen alejarse
Oh después de mucho tiempo puede
Vuelve a ti pero tu
Dassent deja que alguien sepa
Seamos realistas, no son amigos
negocio
La vida sigue de forma nebulosi

A Short Walk

I think I see a meadow through the trees
Green is prevalent with the trees and what I see
Catching my attention was the smell of clover
Venturing closer there was an old rail fence
A thin bonny bird sat over a way on the rail
It was apparent, should he fly or rest
It looked like he was just bone and feathers
But was glad he stayed
The clover was ready to harvest but the smell
Made us enjoy the delightful perfume
The bird and I stayed to rest a might
So far so good
The moon leaked yellow light on the cobblestone
Past the shadows
The sound you hear are my footsteps walking on ash
There have to be relieve along the way
Was championed by stray dogs not wanting to linger
In the trail of booze smell I must have shed
Staggering slowly so I won't fall still know I can
drink them under the table
Well it's a long way home "oh she stopped off back there"
Darn what was her name

Un Corto Paseo

Creo que veo un prado entre los arboles
El verde prevalece con los árboles y lo que veo.
Me llamó la atención el olor a trébol
Aventurándose más cerca había una vieja valla
Un delgado pájaro bonny se sentó sobre un camino en la barandilla
Era evidente, si volaba o descansaba
Parecía que solo era hueso y plumas
Pero se alegró de que se quedara
El trébol estaba listo para la cosecha pero el olor
Nos hizo disfrutar del delicioso perfume
El pájaro y yo nos quedamos para descansar
Hasta aquí todo bien
La luna filtró luz amarilla sobre el adoquín
Más allá de las sombras
El sonido que escuchas son mis pasos caminando sobre cenizas
Tiene que haber alivio en el camino
Fue defendido por perros callejeros que no querían quedarse
En el camino del olor a alcohol, debo haber arrojado
Me tambaleo lentamente para no caerme, todavía sé que puedo
bébalos debajo de la mesa
Bueno, es un largo camino a casa "oh, ella se detuvo allí"
Maldición, ¿cómo se llamaba?

Why Not

Do you permit being touched or need to touch?
Guess that's what they talk about, those are verbs?
Could be there is a need for closeness with
another person
It may show up as a bright spot but then again
You may not even be aware when it happens
So saying don't be supervised if a load of brick
Falls on you it could just be those loaded verbs
they talk about
So why not grab a few if you can

Por Qué No

¿Permites que te toquen o necesitas tocar?
Supongo que de eso hablan, ¿esos son verbos?
Podría haber una necesidad de cercanía con
otra persona
Puede aparecer como un punto brillante, pero de nuevo
Es posible que ni siquiera se dé cuenta cuando suceda
Así que decir no ser supervisado si una carga de ladrillos
Cae sobre ti, podrían ser esos verbos cargados
ellos hablan sobre
Entonces, ¿por qué no agarrar algunos si puedes

Wet Birds

Two little sparrows enjoying the rain
Stretching then shaking wet feathers
Each lifting a leg then hoping the other
won't fall over
Can't help wondering if that's the way
They wash their feet?
Not interested in having to dry off
Each cocking a head smiling at one another
Just two little sparrows enjoying the rain
Fun being wet

Aves Mojadas

Dos gorriones pequeños disfrutando de la lluvia
Estirando y luego sacudiendo plumas mojadas
Cada uno levanta una pierna y luego espera la otra
no se caerá
No puedo evitar preguntarme si esa es la forma
¿Se lavan los pies?
No me interesa tener que secar
Cada ladeando una cabeza sonriendo el uno al otro
Solo dos gorriones pequeños disfrutando de la lluvia
Divertido ser mojado

Attention

Something will happen that hasn't happened in years
There won't be a poem from Aug.5th to the 12 th
IT'S VACATION TIME
I'm sure you will never be the same, try to live
Up with it, you can do it now It'll be fun for me!

Atención

Algo sucederá que no ha sucedido en años.
No habrá un poema del 5 al 12 de agosto.
ES TIEMPO DE VACACIONES
Estoy seguro de que nunca serás el mismo, intenta vivir
Adelante, puedes hacerlo ahora. ¡Será divertido para mí!

Sun Set On An Island

Coolers galore but with a slight breeze
There is a fluttering of the palm trees
Crimson has shot across the sky
Watch a thousand colors as they fly
Slowly the sun feels it's done
Something pushes those few clouds
As they run
Now there's the fading of the rose
With tinting into gray
Everything rushing out for the night
As we watch the fleeting of the day
Stars show up profusely and are so bright

Sol En Una Isla

Enfriadores en abundancia pero con una ligera brisa
Se agitan las palmeras.
Carmesí ha disparado por el cielo
Mira mil colores mientras vuelan
Lentamente, el sol siente que está hecho
Algo empuja esas pocas nubes
Mientras corren
Ahora está la decoloración de la rosa.
Con tintes en gris
Todo corriendo por la noche
Mientras vemos la fugacidad del día
Las estrellas aparecen profusamente y son tan brillantes

Hot But Glad To Be Home

It is apparent people came to the conclusion San Diego
Is the place to live?
So with much money they did move there
Building high rises you wouldn't believe
More than Los Angles again you wouldn't have trouble
Finding a bed, well for $130 to $450 all over the place
What those people didn't figure was no grudges
If you are lucky there may find a place at the curb but
Don't count on it now that's both sides of the street
Weather is the draw plus a place to park your boat
With!, 0000 others probably more
Got lost three times boy is that place spread out
Well got home a lot poorer but the weather was nice

Caliente Pero Alegre Estar En Casa

Es evidente que la gente llegó a la conclusión de San Diego
¿Es el lugar para vivir?
Entonces con mucho dinero se mudaron allí
Construir edificios altos que no creerías
Más que Los Angles nuevamente no tendrías problemas
Encontrar una cama, bien por $ 130 a $ 450 en todo el lugar
Lo que esas personas no pensaron fue rencores
Si tiene suerte, puede encontrar un lugar en la acera pero
No cuentes con eso ahora que están a ambos lados de la calle
El clima es el sorteo más un lugar para estacionar su bote
Con!, 0000 otros probablemente más
Me perdí tres veces, chico, ese lugar se extendió
Bueno, llegué a casa mucho más pobre pero el clima era agradable

Me and the Others
Crowds push like crazy
Guess going every which way
Not in a hurry but want to
be noticed
Lots of excitement can't figure why
Want to be casual at lest you try
End of the mall look Pennies is still here

Yo y los otros
Las multitudes empujan como locos
Supongo que va en todas direcciones
No tengo prisa pero quiero
notificado
Mucha emoción no puede entender por qué
Quieres ser casual por si lo intentas
Fin del centro comercial mira Pennies todavía está aquí

That Windsock

My windsock bangs and tinkles loud in the wind
Trouble is when the wind is to strong I actually
think it doesn't know what it's going
The tubes do a st vitas' dance surprised they don't bend
Mighty poor effort for the separation things to defend
All in all I can't call it music THINK I'd much rather listen to
My wife when the wind blows hard

Eso Parabrisas

Mi manga de viento golpea y tintinea fuerte en el viento
El problema es cuando el viento es demasiado fuerte.
piensa que no sabe a qué va
Los tubos hacen un baile de st vitas sorprendidos de que no se doblen
Poderoso esfuerzo pobre para las cosas de separación para defender
En general, no puedo llamarlo música. Creo que prefiero escuchar
Mi esposa cuando el viento sopla fuerte

Bee Have

You may have honey hunters attached to your house
Are you joyful or fearful they are there as you listen?
The buzzing oh your poor spouse
Bee's can be heard all over the earth and love it
under the sun
That honey comb is busy because it's their home
But then in the dull light of the moon there they
are in the Hanging honey comb
Those busy bees are back and now came home to sleep
Even when they sleep that buzzing noise they keep

Abeja Tengo

Puedes tener cazadores de miel unidos a tu casa
¿Estás alegre o temeroso de que estén allí mientras escuchas?
El zumbido oh tu pobre esposo
Las abejas se pueden escuchar en toda la tierra y amarla
bajo el sol
Ese panal está ocupado porque es su hogar
Pero luego, a la tenue luz de la luna, allí
están en el panal de miel colgante
Esas abejas ocupadas están de vuelta y ahora llegaron a casa a dormir.
Incluso cuando duermen ese zumbido que mantienen

Deep Snooze

My dreams are so comforting and sweet
Glad to be off those tiring feet
Now want to shun life there in the morning
Wanting those rose colored dreams to grab hold
Liken them to a soothing yet bubbling stream
Oh, I must bitch for thou has awaken

Snooze Profunda

Mis sueños son tan reconfortantes y dulces
Me alegro de estar fuera de esos pies cansados
Ahora quiero evitar la vida allí en la mañana
Queriendo esos sueños de color rosa para agarrar
Compártalos con una corriente relajante pero burbujeante
Oh, debo quejarme porque has despertado

You Are Welcome Here On My Patio

Solar lights on the patio go on just before it gets dark
Then they shine as bright as they can put I can't complain
As you sit taking in the cool evening solitude hearing the
dribbling of the fountain in the duck pool
Way off there is a sound of a truck shifting gears don't
know why it's level out there
Sound certainly carries here a long way
Best time of the day to just sit and think and relax
Sure love this patio

Usted Es Bienvenido Aquí En Mi Patio

Las luces solares en el patio se encienden justo antes de que oscurezca
Luego brillan tanto como pueden poner No puedo quejarme
Mientras te sientas a disfrutar de la fría soledad de la noche escuchando el
goteo de la fuente en la piscina de patos
Muy lejos, se escucha el sonido de un camión que cambia de marcha.
saber por qué está nivelado
El sonido ciertamente lleva un largo camino aquí
El mejor momento del día para simplemente sentarse, pensar y relajarse.
Claro que amo este patio

That Little Word Help

Whenever you hear the word help
Strenuous actions have to be taken
It may be for food or a place to rest
You will find CVRM Misson gives it best
The call can't be ignored not even for a
Little bit
GIVE to help, but know in your heart
Christ will be Aware I'll bet

Esa Pequeña Palabra Ayuda

Cada vez que escuchas la palabra ayuda
Deben tomarse medidas extenuantes.
Puede ser para comer o para descansar
Encontrará que CVRM Misson lo ofrece mejor
La llamada no puede ser ignorada ni siquiera por un
Un poco
DAR para ayudar, pero saber en tu corazón
Cristo sabrá que apostaré

In The Dark

Those stars are up there blinking
Trying to outduel each another
Standing way up there next to their
little brother
Mr. Moon kicks out light that must
Help lighten those stars
Down below head lights flash around
Trying to see in the dark there's lots of cars
Lovers hurry along looking for a place
People can't see
NOW I bet those stars are blinking because of
what they might see

En La Oscuridad

Esas estrellas están arriba parpadeando
Tratando de superarnos mutuamente
De pie allí al lado de su
hermanito
El Sr. Moon apaga la luz que debe
Ayuda a aligerar esas estrellas
Abajo las luces de la cabeza parpadean
Intentando ver en la oscuridad hay muchos autos
Los amantes se apresuran a buscar un lugar
La gente no puede ver
AHORA apuesto a que esas estrellas están parpadeando debido a
lo que podrían ver

If It's Indented Your Fat

We all have a button on our belly
Some look wearied and some looks silly
In fact some appear they were tied in a knot
Let's look down to see what you have got
We know some ladies are rather shy
But bet a nickel quit a few are not
Well guess belly buttons aren't for
everyone to see
But certainly interesting when you can
I'm not shy so look at mine golly gee

Si Está Indentado Su Grasa

Todos tenemos un botón en nuestra barriga
Algunos parecen cansados y otros parecen tontos
De hecho, algunos parecen estar atados en un nudo
Miremos hacia abajo para ver qué tienes
Sabemos que algunas damas son bastante tímidas
Pero apuesto a que un centavo dejó algunos no
Bueno, supongo que los ombligos no son para
todos a ver
Pero ciertamente interesante cuando puedes
No soy tímido, así que mira el mío

It Glows

Now a Moon lily can even grow at night
It proudly shines bright
Everything cast a shadow when you look
a certainly way
As you see it's white even in the day
Yes the moon lily gives a fraction of beauty
In its dressing up the night
When you see it don't pick it, it just
Wouldn't be right

Brilla

Ahora un lirio de la luna incluso puede crecer de noche
Orgullosamente brilla brillante
Todo proyecta una sombra cuando miras
ciertamente una forma
Como ves, es blanco incluso en el día
Sí, el lirio de la luna da una fracción de belleza.
En su vestirse la noche
Cuando veas que no lo eliges, solo
No estaría bien

Do It!

You see the red of a fire truck
An orange of a basket ball
The yellow of a school bus
As green as the grass
As blue as the sky
As purple as a bruise
Whate's your problem?
None of this is new
Did you realize there is
Absolutely nothing new
Everything has happened
Before way, way back
Sometimes it's hard to
Remember but it's what
you should do then again
you may be old too

Hazlo!

Ves el rojo de un camión de bomberos
Una naranja de una pelota de baloncesto
El amarillo de un autobús escolar
Tan verde como la hierba
Tan azul como el cielo
Tan morado como un moretón
¿Cuál es tu problema?
Nada de esto es nuevo
¿Te diste cuenta de que hay
Absolutamente nada nuevo
Todo ha pasado
Antes camino, camino de regreso
A veces es difícil
Recuerda pero es lo que
deberías hacerlo de nuevo
tu también puedes ser Viejo

Boy Are They Old

When you look at old picture albums
You want to put yourself in their place
There may be things old fashioned
But what the heck
They don't do it that way we could
show them how
Why we could even show them an
easier way we milk a cow
Those people worked hard with all that
Canning
I supposed in those days there were
No super marts
MY grandparents must have had a tough life
Kind of sad looking at their old pictures
Bet they kicked the dog on occasion
Same as we do

El Muchacho Son Viejos

Cuando miras los viejos álbumes de fotos
Quieres ponerte en su lugar
Puede haber cosas pasadas de moda
Pero qué diablos
No lo hacen de esa manera que podríamos
muéstrales cómo
¿Por qué incluso podríamos mostrarles un
forma más fácil de ordeñar una vaca
Esas personas trabajaron duro con todo eso
Envase
Supuse que en esos días había
No super marts
Mis abuelos deben haber tenido una vida dura
Un poco triste mirando sus viejas fotos
Apuesto a que patearon al perro de vez en cuando
Igual que nosotros

Still Learning

We enjoy seeing a rainbow after a rain
Now rainbows are not always the same
Oh the colors stay but the size changes
Some are thicker and some last longer
One time standing on a hill a rainbow
Came down at the end So I moved my
Hand to each color
I couldn't believe you could do that
There's always things we learn we
Didn't know could be

Aún Aprendiendo

Disfrutamos viendo un arcoiris después de una lluvia
Ahora los arcoiris no son siempre iguales
Oh, los colores se quedan pero el tamaño cambia
Algunos son más gruesos y otros duran más.
Una vez parado en una colina, un arcoiris
Bajó al final Así que moví mi
Mano a cada color
No podía creer que pudieras hacer eso
Siempre hay cosas que aprendemos nosotros
No sabía que podría ser

Oh My

Why do people want to walk around naked?
Only reason might be hoping they have
Something on one else has
I was always told everyone had the same thing
Only thing might be some are fatter than others
One Thing is I'm to shy even though I like to
show off BUT NOT WITHOUT CLOTHS

Oh Mi

¿Por qué la gente quiere caminar desnuda?
La única razón podría ser que tengan
Algo en otra persona tiene
Siempre me dijeron que todos tenían lo mismo
Lo único podría ser que algunos son más gordos que otros
Una cosa es que debo ser tímido aunque me guste
presumir PERO NO SIN ROPA

Keep Going

The wheels of fortune certainly got stuck
Must have come to a big tree and forgot to duck
Money has always been hard to get
Tried all kinds of tricks but just haven't
Discovered the proper answer yet
The same old saying goes" never give up"
But I'm like a bagger I'm still holding
Out my cup

Sigue Adelante

Las ruedas de la fortuna ciertamente se atascaron
Debe haber llegado a un gran árbol y se olvidó de agacharse
El dinero siempre ha sido difícil de conseguir
Intenté todo tipo de trucos pero simplemente no
Descubrí la respuesta correcta todavía
El mismo dicho dice "nunca te rindas"
Pero soy como una empacadora que todavía sostengo
Fuera de mi copa

Was Nice

The excitement at the end of a vacation slows way down
But certainly makes you feel good when you finely get
home, I've found
Unpacking to put things where they belong
Bringing the dog home to listen to his song
Even the birds seem to welcome me home
Out there on the window sill
Got to get busy for cleaning away the dust guess I will

Era Agradable

La emoción al final de unas vacaciones disminuye mucho
Pero ciertamente te hace sentir bien cuando te pones fino
casa, he encontrado
Desempacar para colocar las cosas donde pertenecen
Trayendo al perro a casa para escuchar su canción
Incluso los pájaros parecen darme la bienvenida a casa
Allá afuera en el alféizar de la ventana
Tengo que estar ocupado para limpiar el polvo, supongo que lo hare

Same Old Town

Being in the service overseas it's nice getting
all the dope about things back home
Like Mrs. Cohn's cat got run over
Now you have to know her but anyhow
She wanted the city fathers to have a funeral
going to the cemetery so the cat can be
buried next to her died husband
Another bit of news the Minsky sisters
had a beauty contest
There were very few put their name in
Anyhow Betty Jo won
So the town has a new and ugly beauty quean
City fathers stoped bandstand use
ROCK AND ROLL songs used the F—k word
The next was sad there was a walk bridge
Across Daly creek
It had deteriorated with nobody to repair it
Can't use it now
My girl and I liked to stand in the center at the rail
To hear that bubbling splashing water hitting rocks
Then flowing on down with ease
Think I'll repair it when I get home

Misma Ciudad Antigua

Estar en el servicio en el extranjero es agradable
toda la droga sobre las cosas en casa
Como el gato de la señora Cohn fue atropellado
Ahora tienes que conocerla pero de todos modos
Ella quería que los padres de la ciudad tuvieran un funeral
yendo al cementerio para que el gato pueda ser
enterrado junto a su marido muerto
Otra noticia de las hermanas Minsky
tuvo un concurso de belleza
Muy pocos pusieron su nombre en
De todos modos Betty Jo ganó
Entonces la ciudad tiene un nuevo y feo quean de belleza
Padres de la ciudad dejaron de usar el quiosco de música
Las canciones ROCK AND ROLL usaban la palabra F—k
Lo siguiente fue triste, había un puente peatonal
Al otro lado del arroyo Daly
Se había deteriorado con nadie para repararlo
No puedo usarlo ahora
A mi chica y a mí nos gustaba estar en el centro en la barandilla
Para escuchar esa burbujeante salpicadura de agua golpeando rocas
Luego fluye hacia abajo con facilidad
Creo que lo repararé cuando llegue a casa

You Need This

Is there any difference in a story or an epistle?
My tail is about me so it has to be interesting
I won't make all the past years in writing
This Boar you
Just take my word that would mess this up
So here it is let this be a remember it's about us
Even though I've been here a while
To me I'm important and don't you forget it
People sometimes forget important things
I feel you should know I'm here to bring you
back to the light and again it's about me
You see I can do you a lot of good
LIKE TEACH YOU GOOD FROM BAD
How to keep your mouth shut
Don't drink too much
LEAVE YOUR BEST FRIENDS WIFE ALONE
Always come to me for advice
I'll make you a good person with my
Suggestions
Try it you'll like it because I want you
to know I'm one of the best persons
you have ever met

Necesitas Esto

¿Hay alguna diferencia en una historia o una epístola?
Mi cola es sobre mí, así que tiene que ser interesante.
No haré todos los años pasados escribiendo
Este jabalí
Solo toma mi palabra que arruinaría esto
Así que aquí está, que esto sea un recuerdo, se trata de nosotros
Aunque he estado aquí un tiempo
Para mí soy importante y no lo olvides
La gente a veces olvida cosas importantes
Siento que deberías saber que estoy aquí para traerte
de vuelta a la luz y nuevamente se trata de mí
Ves que puedo hacerte mucho bien
COMO ENSEÑARTE BUENO DE MALO
Cómo mantener la boca cerrada
No bebas demasiado
DEJA A TU MEJOR AMIGA ESPOSA SOLA
Siempre ven a mi para pedirle consejo
Te haré una buena persona con mi
Sugerencias
Pruébalo te gustará porque te quiero
saber que soy una de las mejores personas
alguna vez has conocido

No Kindness

Those that can't show kindness
Are caught in their small flame
Perhaps they feed off envy
Now that makes them grow old quickly
You know bet they might get old; hungry
Then with a look in the mirror but not
Glad they did
Can't hide that look but bet then
sure wish they could

Sin Amabilidad

Los que no pueden mostrar amabilidad
Están atrapados en su pequeña llama
Quizás se alimentan de la envidia.
Ahora eso los hace envejecer rápidamente
Sabes que pueden envejecer; hambriento
Luego con una mirada en el espejo pero no
Me alegro de que lo hicieron
No puedo ocultar esa mirada, pero apuesta
Seguro desearía que pudieran

I Made Soup

When you don't know how to cook, try soup
They say it can hide a lot so I gave it a try
Had some mashed potatoes a hunk of steak
Left over
Now it was just a bite or two but found some
Beef bouillon cube and can't forget garlic
With water it came to a boil
That carrot never did get soft but it took
Long time to cool
I guess you know the mess wasn't all that bad
That whole carrot screwed it up

Hice Sopa

Cuando no sabes cocinar, prueba la sopa
Dicen que puede esconderse mucho, así que lo probé
Tenía un poco de puré de papas y un trozo de carne
Sobrante
Ahora fue solo un bocado o dos, pero encontré algo
Cubito de caldo de carne y no puedo olvidar el ajo
Con agua hirvió
Esa zanahoria nunca se suavizó pero tomó
Mucho tiempo para refrescarse
Supongo que sabes que el desastre no fue tan malo
Toda esa zanahoria lo arruinó

Words

Words are a little like birds
They are all alike so like clouds
The wind and even spring
Some words come from foreign lands
You see words have no borders
Except the stars the moon and the sun
Some words die are too difficult to translate
While some build a nest, have chicks
Then give words to feed them
let some fly around in the air
Now when they land, well
They like to stay there
That's what makes them wise

Palabras

Las palabras son un poco como pájaros
Son todos iguales, como nubes
El viento y hasta la primavera
Algunas palabras provienen de tierras extranjeras
Ves que las palabras no tienen fronteras
Excepto las estrellas, la luna y el sol.
Algunas palabras mueren son demasiado difíciles de traducir
Mientras algunos construyen un nido, tienen polluelos
Luego da palabras para alimentarlos
deja que algunos vuelen en el aire
Ahora cuando aterrizan, bueno
Les gusta quedarse allí
Eso es lo que los hace sabios

My Job

A guy has to work real hard to make a buck
Guess you get down to it having one you're in luck
Boss get's cranky if you come in late
Bitches like crazy comes a holiday date
Chues tobacco then always has to spit
Drools on his shirt makes his wife have a fit
She's a corker has a very nice front
When she hurrys they have to bump
She gave me the eye but I'm no fool
But staying in my place have to admit
I Sure have to drool

Mi Trabajo

Un chico tiene que trabajar muy duro para ganar dinero
Supongo que te pones a tener uno con el que tienes suerte
El jefe se pone de mal humor si llegas tarde
Perras como locos viene una fecha de vacaciones
Tabaco tabaco siempre tiene que escupir
Las babas en su camisa hacen que su esposa tenga un ajuste
Ella es una corchora tiene un frente muy lindo
Cuando ella se apresura, tienen que chocar
Ella me miró pero no soy tonto
Pero permanecer en mi lugar tiene que admitir
Claro que tengo que babear

So True

Help is such a little word
When you do it you feel good
People will look up to you
They do and they should
It makes you feel humble
You have reached your goal
But don't feel to good
there could be a toil

Tan Verdadero

Ayuda es una palabra tan pequeña
Cuando lo haces te sientes bien
La gente te admirará
Lo hacen y deberían
Te hace sentir humilde
Has alcanzado tu objetivo
Pero no te sientas bien
podría haber un trabajo

A good day
This morning it felt like Sunday
And the heavens and sun did
their parts
Walking along the boardwalk
Casting my shadow past empty
Cottages
Now among them was a small church
Huddled close were gray tombstones
As If wanting to share the heat
of the sun
There are Sea gulls darting around
We are sure they are having a bit of fun

Un buen día
Esta mañana se sintió como el domingo
Y los cielos y el sol hicieron
sus partes
Caminando por el paseo marítimo
Lanzando mi sombra más allá vacía
Cabañas
Ahora entre ellos había una pequeña iglesia.
Acurrucados cerca había lápidas grises
Como si quisiera compartir el calor
del sol
Hay gaviotas corriendo alrededor
Estamos seguros de que se están divirtiendo un poco

An Enjoyable Hike

In hiking I came to a valley below
I could see the river on one side
With willow trees bordering
and a small bank along its side
A pasture held the interest of
A bunch of cows and three horses
All were enjoying lush grass
Because of a roiling hill the
Top part of a windmill showed
Blades going around as if it
Rested but looked like it was
Going to roll downhill
A very worn path lead up to
Where it wandered on over the hill
I'm sure those cattle knew that path
Lead them to the the barn for milking
Now I bet that river was great
for fishing

Una Caminata Agradable

En el senderismo llegué a un valle debajo
Pude ver el río a un lado
Con sauces bordeando
y un pequeño banco a su lado
Un pasto tenía el interés de
Un grupo de vacas y tres caballos.
Todos disfrutaban de la hierba exuberante
Debido a una colina rocosa el
La parte superior de un molino de viento mostró
Cuchillas dando vueltas como si
Descansado pero parecía que era
Va a rodar cuesta abajo
Un camino muy desgastado conduce a
Donde vagaba por la colina
Estoy seguro de que ese ganado conocía ese camino
Llévalos al granero para ordeñar
Ahora apuesto a que el río fue genial
para pescar

Spray

Water forced then made into a spray
Shoots into the air wondering where to go
It may linger a mite then makes that air
Muggy
Water as spray, on the other hand,
makes a colorful fountain
we enjoy in the duck pond
One thing we hope and we are swatting
It is, we don't run out of water
We are getting there fast

Rociar

Agua forzada y luego convertida en spray
Dispara en el aire preguntándose a dónde ir
Puede persistir un ácaro y luego hace que el aire
Bochornoso
Agua como spray, por otro lado,
hace una fuente colorida
disfrutamos en el estanque de patos
Una cosa esperamos y estamos golpeando
Es decir, no nos quedamos sin agua
Estamos llegando rápido

Rhubarb

Big dark leaves to be cut off
Without surprise a thick stem
Reddish but sour in every way
However baked for a pie it's
Another story
There is a switched to angles
Merged together as one
Unholiness has washed away
Once bitter now succulent
How magnificently complex
Is that rhubarb

Ruibarbo

Grandes hojas oscuras para cortar
Sin sorpresa un tallo grueso
Rojizo pero agrio en todos los sentidos
Sin embargo horneado para un pastel es
Otra historia
Hay un cambio a ángulos
Fusionados juntos como uno
La impiedad se ha lavado
Una vez amargo ahora suculento
Qué magníficamente complejo
Es ese ruibarbo

Beer Bottles

Beer when pored there is a lot of bubbles
But IT'S teats goes down without much trouble
Now what I'm talking about is not just a couple
If you let it stand too long the darn thing goes flat
On the other hand drink too many you may hit the mat
But when you get home your wife may hit you with a bat
To drink where it's safe do it at home
Drink with your wife guess then you won't be alone

Botellas De Cerveza

Cerveza cuando poro hay muchas burbujas
Pero sus pezones se caen sin muchos problemas
Ahora de lo que estoy hablando no es solo una pareja
Si lo dejas reposar demasiado, la maldita cosa se desinfla
Por otro lado, bebe demasiado, puede golpear el tapete
Pero cuando llegas a casa, tu esposa puede golpearte con un bate
Beber donde sea seguro hacerlo en casa
Bebe con tu esposa, adivina, entonces no estarás solo

Mail Cost

Got an email that I had won $5000
Because of bookkeeping just send $4.50
Sorry for that inconvenient but necessary
We will then send your money
We are proud you have won

Coste Por Correo

Recibí un correo electrónico que había ganado $ 5000
Debido a la contabilidad simplemente envíe $ 4.50
Perdón por ese inconveniente pero necesario
Luego le enviaremos su dinero
Estamos orgullosos de que hayas ganado

My Answer

So glad you found me as a winner
That $1000 will come in handy
Don't worry about the mail cost
Just send $995.50 now you won't
Have to worry about that mail cost

Mi Respuesta

Me alegra que me hayas encontrado como ganador
Que $ 1000 serán útiles
No te preocupes por el costo del correo.
Simplemente envíe $ 995.50 ahora no lo hará
Tienes que preocuparte por ese costo de correo

No Kindness

Those that can't show kindness
Are caught in their small flame
Perhaps they feed off envy
Now that makes them grow old quickly
You know bet they might get old; hungry
Then with a look in the mirror but not
Glad they did
Can't hide that look but bet then
sure wish they could

Sin Amabilidad

Los que no pueden mostrar amabilidad
Están atrapados en su pequeña llama
Quizás se alimentan de la envidia.
Ahora eso los hace envejecer rápidamente
Sabes que pueden envejecer; hambriento
Luego con una mirada en el espejo pero no
Me alegro de que lo hicieron
No puedo ocultar esa mirada, pero apuesta
Seguro desearía que pudieran

Want A Good Life

That Coyote was expensive but here I am
In the big city YES THE USA
Can't ask anything don't know English
Group, like me grouped on a corner
we are all looking for a job
Guy in Spanish asked are any of you
A cabinet maker?
I stepped forward and was the only one
He took
What a nice factory I now work at
And the pay is good
My boss seems glad to have me
Well until boarder patrol stormed in
I'm back in Mexico so lost my money
All I can do is dream of being bock
at that Big factory might try again
when I save the money

Quiero Una Buena Vida

Ese Coyote era caro pero aquí estoy
En la gran ciudad SI, ESTADOS UNIDOS
No puedo preguntar nada, no sé inglés
Grupo, como yo agrupado en una esquina
todos estamos buscando trabajo
Guy en español preguntó si alguno de ustedes
¿Un ebanista?
Di un paso adelante y fui el único
Él tomó
Qué bonita fábrica ahora trabajo
Y la paga es buena.
Mi jefe parece contento de tenerme
Bueno, hasta que la patrulla fronteriza irrumpió
Estoy de vuelta en México, así que perdí mi dinero
Todo lo que puedo hacer es soñar con ser bock
en esa gran fábrica podría intentarlo de nuevo
cuando guardo el dinero

A Good Try

Walls scattered all over Mexico
Adobe and always dust
Proud should there be a door
Mostly roods unpaved maybe
Rocks along side
Close by that dry creek along with
that everlasting dust
Grandfather lived and slept here
Feeling and breathing the same heat
Children playing with sticks hopping
later to go to school
on the grapevine whispers "Go to
America for a better life and jobs"
Too many try and loose in a
Sneaky try to get there
So it was a good try

Un Buen Intento

Muros dispersos por todo México
Adobe y siempre polvo
Orgulloso si hubiera una puerta
En su mayoría roods sin pavimentar quizás
Rocas a lo largo del costado
Cerca de ese arroyo seco junto con
ese polvo eterno
El abuelo vivió y durmió aquí.
Sentir y respirar el mismo calor.
Niños jugando con palos saltando
luego ir a la escuela
en los susurros de la vid "Ir a
Estados Unidos por una vida y empleos mejores"
Demasiados intentos y perder en un
Trato astuto de llegar allí
Fue un buen intent

Get Open

Whenever it says open why you can just walk right in
Guess it's what we class as an inventions or something
Have you tried the door and find it locked then you see
Printed plain as day "open at 9 o'clock"
Well you have to stand around on one foot for 5 min.
At the proper time you rush in, guess you are afraid they
Might not let you buy your cigarettes
Open the pack right away you see I ran out of the darn things
That puff is good so I'm okay for the day

Abrirse

Cada vez que dice abrir por qué puedes caminar directamente
Supongo que es lo que clasificamos como inventos o algo
¿Has probado la puerta y la encuentras cerrada? Entonces ves
Impreso simple como el día "abierto a las 9 en punto"
Bueno, tienes que pararte en un pie durante 5 min.
En el momento adecuado en el que te apresuras, supongo que tienes miedo de que
No podría dejarte comprar tus cigarrillos
Abre el paquete de inmediato, ves que se me acabaron las malditas cosas
Esa bocanada es buena, así que estoy bien por el día

Two Ants

Called the waiter and pointed to them in my dinner
One was on his back with his feet in the air I think dead
Now the other was eating and looked at me as if to say
Well this is the way it should be
The waiter reached over brushed them off said they
Must have came off the counter
Well I left in a huffand without paying got a hamburger
At McDonald

Dos Hormigas

Llamé al camarero y les señalé en mi cena.
Uno estaba de espaldas con los pies en el aire, creo que muerto
Ahora el otro estaba comiendo y me miró como diciendo
Bueno, esta es la forma en que debería ser
El camarero se acercó y los sacudió y dijo que
Debe haber salido del mostrador
Bueno, me fui en un huffand sin pagar una hamburguesa
En McDonald

Sad Songs

How does Presley's song go?
I want to be free like a bird in a tree
Or like Tom Wait's song "where ever
I lay my head is where I call home"
All this boils down to you guessed it
Homeless
Calf has the largest populating
Of all other states of homeless
Plus a bunch of illegal's
They now want the tax payer to
give money to them all as hard as
It is to get it ourselves
Hey, let's all go homeless

Canciones Tristes

¿Cómo va la canción de Presley?
Quiero ser libre como un pájaro en un árbol
O como la canción de Tom Wait "donde sea
Pongo mi cabeza es donde llamo hogar"
Todo esto se reduce a que lo adivinaste
Sin hogar
La pantorrilla tiene la mayor población
De todos los otros estados de personas sin hogar
Además de un montón de ilegales
Ahora quieren que el contribuyente
darles dinero a todos tan duro como
Es conseguirlo nosotros mismos
Hey, vamos todos sin hogar

With Skin

So glad we all have the same
Ankles, HIPS, NIPPLES, KNEES
We all open our mouth to eat
Then hope we get enough
Now as we go through this life
Touching what we want
Wonder when we stopped
Recognizing our parts themselves
They need us and us certainly
need them

Con Piel

Me alegra que todos tengamos lo mismo
Tobillos, caderas, pezones, rodillas
Todos abrimos la boca para comer
Entonces espero que tengamos suficiente
Ahora a medida que avanzamos por esta vida
Tocando lo que queremos
Me pregunto cuándo nos detuvimos
Reconociendo nuestras partes mismas
Nos necesitan a nosotros y a nosotros ciertamente
los necesito

Thinking

The morning sun shifting changes
The shapes from a square into an
Unfolding universe
Almost like the sun weeds in the
back yard quickly grow to be left
alone for long
All in all looking back I feel like
Looking forward
Doesn't everyone

Pensando

Los cambios de sol de la mañana cambian
Las formas de un cuadrado en un
Universo desplegado
Casi como las malas hierbas del sol en el
patio trasero crece rápidamente para ser dejado
solo por mucho tiempo
En general, mirando hacia atrás, siento que
Viendo hacia adelante
No todos

A Little Hummingbird

Over in the corner of the patio is a poor sad tall artificial bush
It's the victim of the wind that striped off all its leaves on the
top half all there is are thin stems
Now on top at right angle is an ideal place for a hummingbird to set
He lover it even if it did look naked up there
As he sat a slight breeze rocked the bird back and forth and he liked that to
Well another humming bird dove at the one sitting there
Poor fellow lost his footing and flew a few foot came back and sat where he was
I could just hear him telling the other "go find another place this is mine"
Guess he's felt he was right so he sits and sways back and forth in the breeze

Un Poco De Colibrí

En la esquina del patio hay un pobre y alto arbusto artificial alto
Es la víctima del viento que rayó todas sus hojas en el
mitad superior todo lo que hay son tallos delgados
Ahora en la parte superior en ángulo recto hay un
lugar ideal para que un colibrí se ponga
Lo amaba aunque pareciera desnudo allá arriba
Mientras estaba sentado, una leve brisa sacudió al
pájaro de un lado a otro y le gustó eso.
Bueno, otro colibrí se zambulló en el que estaba sentado allí
El pobre hombre perdió el equilibrio y voló unos metros regresó y se sentó donde estaba
Podía escucharlo diciéndole al otro "ve a buscar otro lugar, este es el mío"
Supongo que sintió que tenía razón, así que se sienta y
se balancea de un lado a otro en la brisa

Want A Good Life

That Coyote was expensive but here I am
In the big city YES THE USA
Can't ask anything don't know English
Group, like me grouped on a corner
we are all looking for a job
Guy in Spanish asked are any of you
A cabinet maker?
I stepped forward and was the only one
He took
What a nice factory I now work at
And the pay is good
My boss seems glad to have me
Well until boarder patrol stormed in
I'm back in Mexico so lost my money
All I can do is dream of being bock
at that Big factory might try again
when I save the money

Quiero Una Buena Vida

Ese Coyote era caro pero aquí estoy
En la gran ciudad SI, ESTADOS UNIDOS
No puedo preguntar nada, no sé inglés
Grupo, como yo agrupado en una esquina
todos estamos buscando trabajo
Guy en español preguntó si alguno de ustedes
¿Un ebanista?
Di un paso adelante y fui el único
Él tomó
Qué bonita fábrica ahora trabajo
Y la paga es buena.
Mi jefe parece contento de tenerme
Bueno, hasta que la patrulla fronteriza irrumpió
Estoy de vuelta en México, así que perdí mi dinero
Todo lo que puedo hacer es soñar con ser bock
en esa gran fábrica podría intentarlo de nuevo
cuando guardo el dinero

A Life That's Slow

There was slow movement in the sand at my front lawn
Observing it closer, found it was a desert turtle
Sure not knowing where he was going but he didn't care
He had wide flat feet that slowly rustled up the sand
as he walked but he wasn't in a hurry
Life was pleasant and he didn't have a care in the world
At one point think he had to rest, that or the sand
was getting warm
After all it was 108 degrees as he pulled in his feet
It must be cooler in his gray shell
After a mite he went on his happy way

Una Vida Lenta

Hubo un movimiento lento en la arena en mi jardín delantero
Al observarlo más de cerca, descubrí que era una tortuga del desierto
Claro que no sabía a dónde iba, pero no le importaba
Tenía pies anchos y planos que lentamente arrastraban la arena.
mientras caminaba pero no tenía prisa
La vida era agradable y no le importaba el mundo
En un momento creo que tuvo que descansar, eso o la arena
se estaba calentando
Después de todo, era de 108 grados cuando se puso de pie
Debe estar más fresco en su caparazón gris
Después de un ácaro, siguió su camino feliz.

Put It On Paper

So glad it's written instead of me saying it out loud
When it's in writing there is a soothing or reality
Of not harming myself from reachidness on the
Inside
Not only that in writing it can be changed
When you speak it's gone and you are in trouble
It has happened to me too often

Ponerlo En Papel

Me alegra que esté escrito en lugar de que lo diga en voz alta.
Cuando está por escrito, hay una realidad relajante
De no dañarme a mí mismo por el alcance
Dentro
No solo eso por escrito se puede cambiar
Cuando hablas se ha ido y estás en problemas
Me ha pasado demasiado a menudo

Get Open

Whenever it says open why you can just walk right in
Guess it's what we class as an innovations or something
Have you tried the door and find it locked, and then you see
Printed plain as day "open at 9 o'clock"
Well you have to stand around on one foot for 5 min.
At the proper time you rush in, guess you are afraid they
Might not let you buy your cigarettes
Open the pack right away you see I ran out of the darn things
That puff is good so I'm okay for the day

Abrirse

Cada vez que dice abrir por qué puedes caminar directamente
Supongo que es lo que clasificamos como innovaciones o algo
¿Has probado la puerta y la encuentras cerrada, y luego ves
Impreso simple como el día "abierto a las 9 en punto"
Bueno, tienes que pararte en un pie durante 5 min.
En el momento adecuado en el que te apresuras, supongo que tienes miedo de que
No podría dejarte comprar tus cigarrillos
Abre el paquete de inmediato, ves que se me acabaron las malditas cosas
Esa bocanada es buena, así que estoy bien por el día

The Beer Bar Floor

Went to visit and they talked me into spending the night
They didn't tell me they didn't have a bed for me
Well when they closed they gave me a heavy comfort
Said I can sleep on the beer bar's floor
So spreading that quilt I lay down, it was dark except
A flashing on and off BEER SIGN that made the scaryest shadows
Got up and turned the darn thing off
Lie down, stretch out when something ran over my feet
I kicked and heard a squeal. That inquisitive rat learned
Guess to stay clear of my quilt
Closed my eyes and tried to not smell the staill whisky and
Deer smells
Went off to dream land there on the beer bar floor

El Piso De La Barra De Cerveza

Fui a visitarme y me convencieron para pasar la noche
No me dijeron que no tenían una cama para mí
Bueno, cuando cerraron me dieron un gran consuelo.
Dije que puedo dormir en el piso del bar de cerveza
Así que extendiendo esa colcha me acosté, estaba oscuro excepto
Una señal de cerveza intermitente que hacía las sombras más aterradoras
Me levanté y apagué la maldita cosa
Acuéstate, estírate cuando algo pasa por mis pies
Pateé y escuché un chillido. Esa rata curiosa aprendió
Supongo que me mantendré alejado de mi edredón
Cerré los ojos y traté de no oler el whisky y
Huele a ciervo
Fui a soñar tierra allí en el piso del bar de cerveza

Some Thoughts

There's some butterflies circling around in my head
So glad the wings are soft and are mingled in my heart
Their beauty is apparent in words I want to convey
Hopefully lenient plays are wrong so my errors
Are taken out
There for patience plays an important part of our
Existence
Keep flying you beautiful creatures

Algunos Pensamientos

Hay algunas mariposas dando vueltas en mi cabeza
Me alegro de que las alas sean suaves y se mezclen en mi corazón
Su belleza es evidente en las palabras que quiero transmitir.
Espero que las jugadas indulgentes estén mal, así que mis errores
Son sacados
Allí, por paciencia, juega una parte importante de nuestro
Existencia
Sigue volando hermosas criaturas

City Park

The city park makes everyone proud
Those in city halls make it a pet concern
Of theirs
The play ground has the swings, sand box,
Faiis wheel, and climb bars
All made with cast iron because if they
didn't those kids would tear them
Apart in nothing flat
One section has to be for old guys
Lots of benches and tables
There is always a group that get
Together there to chew the fat
Now the thing I like is the dog run
Just open the gate, unhook his
Latch and let him run
Speaking of running there is a small
track for runners
I don't do that any more
I'D RATHER CHEW THE FAT
Come visit we'll argue about the
Government

Parque De La Ciudad

El parque de la ciudad hace que todos estén orgullosos
Los que están en los ayuntamientos lo convierten en una preocupación de mascotas
De ellos
El terreno de juego tiene los columpios, caja de arena,
Ruedas faiis y barras de escalada
Todo hecho con hierro fundido porque si
¿No los romperían esos niños?
Aparte en nada plano
Una sección tiene que ser para viejos
Muchos bancos y mesas
Siempre hay un grupo que recibe
Juntos allí para masticar la grasa
Ahora lo que me gusta es el perro que corre
Solo abre la puerta, desengancha su
Latch y dejarlo correr
Hablando de correr hay un pequeño
pista para corredores
Ya no hago eso
PREFIERO VER LA GRASA
Ven a visitar, discutiremos sobre el
Gobierno

Sit Tight

The wind sock was flapping in a Gail that was strong
Things on the ground sailed hither and yon
Dust clouds sprang up quite a few in the fields
Rolls of tumble weeds scooted past each other
going with speed but no deal
The barn door banged to and fro lesson to that wind
Howl
Cattle faced away but their tails certainly held flat
Fares wheel was racing, sure you can see that
But everyone just wanting those things where they sat
Some say it's a mans fault
So it's easy for you to craft a dark temple
In your mind
Give it four pillars no give it five, now
Set five pedicle in the middle of it
You now lay a Rose down
Name those pillars the first is Rose
Then Rose peddles that hold it together
Now as a builder make strong stems
Leaves to add beauty but last but not least
Fragrants that must set sit off
You wonder at the rose, the man gives her
One too HOPEFULLY change her mood

Estarse Quieto

La manga de viento se agitaba en un Gail que era fuerte
Cosas en el suelo navegaban de aquí para allá
Nubes de polvo surgieron en los campos.
Rollos de maleza se deslizan uno al lado del otro
yendo con velocidad pero no hay trato
La puerta del granero golpeó de un lado a otro la lección de ese viento.
Aullido
El ganado se enfrentó pero sus colas ciertamente se mantuvieron planas
La rueda de tarifas estaba corriendo, seguro que puedes ver eso
Pero todos solo quieren esas cosas donde se sentaron
Algunos dicen que es culpa del hombre
Entonces es fácil para ti crear un templo oscuro
En tu mente
Dale cuatro pilares, no, dale cinco, ahora
Coloca cinco pedículos en el medio
Ahora pones una rosa
Nombra esos pilares, el primero es Rose
Entonces Rose vende que lo mantiene unido
Ahora como constructor hacemos tallos fuertes
Hojas para agregar belleza pero por último pero no menos importante
Fragancias que deben establecer sentarse
Te preguntas en la rosa, el hombre le da
Uno también ESPERAMENTE cambiar su estado de ánimo

Want To Welcome

When AUTUMN came
You watch the leaves fall
Plus you find it's good to
Put on a swatter
It was enjoyable to see
the many colors of the
leaves of the trees
You could see trees all
Around making a show
everyone liked to see
Back to the leaves
They must know
it's their job to make a
blanket fherer under snow
Can't help feeling sorry
As those trees standing
Naked although a covering
Of snow helps them a little

Quiero Bienvenido

Cuando llegó el OTOÑO
Ves las hojas caer
Además, descubres que es bueno
Ponte un matamoscas
Fue agradable ver
los muchos colores de la
hojas de los arboles
Podías ver todos los árboles
Alrededor haciendo un show
a todos les gustaba ver
De vuelta a las hojas
Deben saber
es su trabajo hacer un
manta fherer bajo la nieve
No puedo evitar sentir pena
Como esos árboles de pie
Desnudo aunque una cubierta
De nieve te ayuda poco

Printed in the United States
By Bookmasters